AF463253

EDICT DU ROY, PORTANT CREATION

des Tresoriers Receueurs & Controolleurs Prouinciaux des Ponts & Chaussées, en chacune Generalité resortissant és Chambres des Comptes de Paris & Rouen.

Verifié en la Chambre des Comptes & Cour des Aydes le 28. Iuin 1627.

A PARIS,
Par P. Mettayer, A. Estiene, & C. Prevost, Imprimeurs & Libraires ordinaires du Roy.
M. DCXXVII.
Auec Priuilege de sa Majesté.

OVIS, par la grace de Dieu, Roy de France & de Nauarre, A tous presens & à venir, Salut. La fonction de nos amez & feaux Tresoriers & Receueurs Generaux des Ponts & Chaussées, Quais, Talluz & autres ouurages publics de ce Royaume, & des Controolleurs Generaux desdites charges, ayant son estenduë en toutes les Prouinces de nostre Royaume, & iceux Officiers estans obligez à resider le plus ordinairemẽt à nostre Cour & suitte, pour receuoir nos Commandemens sur les affaires concernants leurs charges, & rendre raison d'icelles en nostre Conseil; Nous leur auons permis par les Edicts de la Creation desdits Offices des mois d'Octobre mil six cens quinze, & Aoust mil six cens seize, d'establir des Commis dans les Generalitez és lieux où il sera necessaire, pour la facilité tant du recouurement des deniers de leur recepte, que de la despense & distribution d'iceux, lesquels leur rendroient compte comme de Clerc à Maistre, & dont toutesfois ils demeureroient responsables ciuilement. Et ayans consideré que nous pourrions tirer vn notable secours en la necessité vrgente de nos affaires, sans faire tort aux charges desdits Tresoriers & Controolleurs, en instituant leursdits Commis des Generalitez de ce Royaume en tiltre d'Office, n'alterant ny innouant aucune chose en l'ordre estably par lesdits Edicts, & nos Lettres de Declaration du dixiéme dudict mois d'Aoust, Arrests & Reglemens depuis interuenus sur la fonction desdites charges de Tresoriers & Controolleurs Generaux desdits ouurages publics; ny aux gages & taxations à eux attribuées: & mesme qu'estant par ce moyen déchargez de respondre ciuilement de ceux qu'ils emploient par lesdites Generalitez, ils y auront quelque aduantage: A CES CAVSES, Ayant mis cét affaire en deliberation en nostre Conseil d'Estat, où estoit la Royne nostre tres-honorée Dame & Mere, noſtre tres cher Frere le Duc d'Orleans, pluſieurs Officiers de noſtre Couronne, & autres grands & notables perſonnages de noſtredit Conſeil, DE LEVR aduis, & de noſtre certaine ſcience, pleine puiſſance & authorité Royale, Nous auons par le preſent Edict perpetuel & irreuocable, creé & erigé, creons & erigeons en chef & tiltre d'Offices formé, trois nos Conſeillers Treſoriers & Receueurs Prouinciaux, & trois nos Conſeillers & Controolleurs Prouinciaux des Ponts & Chauſſées, & autres ouurages publics, en chacune Generalité du reſſort de nos Chambres des Comptes de Paris & Roüen, Pour par les pourueus deſdits Offices de Treſoriers, faire la recepte chacun en l'année de ſon exercice, en vertu des blancs de quittances du Treſorier General deſdits ouurages publics de ce Royaume, lors en charge, de tous les deniers qui ſe leuent & leuront cy apres ſur les contribuables à nos tailles, des élections de la Generalité de leur eſtabliſſement, & de ceux qui ſeront ordonnez par nous & nos ſucceſſeurs Roys, eſtre receu des mains de nos autres Officiers Cõptables, Fermiers & autres du reſſort de laditte Generalité: & faire le payement & employ deſdits deniers, ſelon qu'il ſera par Nous ordonné, ou par les Preſidens Treſoriers de France & generaux des Finances de laditte Generalité audit Treſorier general en exercice, en vertu de nos Eſtats, ou Ordonnance, ou de noſtre Conſeil: & ſeront les acquits de la deſpenſe deſdits deniers faits & conceus au nom, acquit & decharge dudit Treſorier General, auquel ledit Treſorier Prouincial rendra compte comme de Clerc à Maiſtre, & prendra ſon attache ſur ſes Lettres de prouiſion, & élira domicile en noſtre bonne Ville de Paris, auant que d'entrer en exercice, & pouuoir eſtre chargé deſdits blancs de quittance, ainſi que ſont tenus les Treſoriers Prouinciaux de l'extraordinaire de nos guerres enuers les Treſoriers Generaux dudit extraordinaire: le tout afin que nos deniers ſoient employez ſelon noſtre intention, & qu'il ne ſoit rendu qu'vn ſeul eſtat & vn ſeul compte par année en chacune de nosdites Chambres des Comptes, de Paris & Roüen, de tous les deniers qui se leuent & ordonnent, leuront & ordonneront, à cause desdits ouurages publics és Generalitez desdits ressorts, comme il se fait apresent. Et pour lesdits Controolleurs Prouinciaux, Voulons que chacun d'eux assiste en l'année de son exercice, aux baux au rabais, qui se feront pour les ouurages publics du ressort de la Generalité de leur establissement, controollent & visitent lesdits ouurages, rapportent aux Bureaux de nos Finances, ce qui dependera de leurs charges, ainsi que les Controolleurs Generaux de nos Finances, dressent les procez verbaux des visitations & receptions desdits ouurages, & les enuoyent en fin de chacune anneé, à celuy des Controolleurs Generaux desdits ouurages qui sera en charge, pour estre rapporté sur le compte du Tresorier General, & seruir à l'allocation des parties y employées à cause desdits ouurages ; & prendront attache sur leurs Lettres de prouision, de celuy des Controolleurs Generaux en l'année de l'exercice duquel ils deuront faire la fonction de leursdits Offices. N'ENTENDONS neantmoins priuer par le present Edict lesdits Controolleurs Generaux de la fonction de leursdits Offices : Ains voulons qu'ils les exercent comme ils ont fait, & font encores à present, & que lesdits Controolleurs Prouinciaux n'agissent que comme font les Commis desdits Controolleur sGeneraux, excepté qu'ils pourront assister & estre presens aux adiudications desdits ouurages, visitations & receptions d'iceux, encores que lesdits Controolleurs Generaux y soient en personne faisans leursdittes fonctions : A chacun desquels Tresoriers & Controolleurs Prouinciaux presentement créés, Nous auons octroyé les gages par an, qui ensuiuent, Sçauoir, aux Tresoriers & Receueurs de la Generalité de Paris, trois mil liures. Aux Controolleurs, deux mil liures. Aux Tresoriers de la generalité d'Amiens, six cens liures. Aux Controolleurs, quatre cens liures. Aux Tresoriers de la Generalité de Soissons, huict cens liures. Aux Controolleurs,

leurs, six cens liures. Aux Tresoriers de la Generalité de Chaalons, seize cens liures. Aux Controolleurs, mil liures, Aux Tresoriers de la Generalité d'Orleans, quatorze cens liures, Aux Controolleurs, mil liures. Aux Tresoriers de la Generalité de Tours, quinze cens liures. Aux Controolleurs, mil liures. Aux Tresoriers de la Generalité de Bourges, six cens liures. Aux Controolleurs, quatre cens liures Aux Tresoriers de la Generalité de Ryon, neuf cens liures. Aux Controolleurs, six cens liures. Aux Tresoriers de la Generalité de Lyon, mil liures. Aux Controolleurs, sept cens liures. Aux Tresoriers de la Generalité de Moulins, six cens liures. Aux Controolleurs, quatre cens liures. Aux Tresoriers de la generalité de Poictiers, quinze cens liures. Aux Controolleurs, mil liures. Aux Tresoriers de la generalité de Limoges, huict cens liures. Aux Controolleurs, six cens liures. Aux Tresoriers de la generalité de Bourdeaux, mil liures. Aux Controolleurs, six cens liures. Aux Tresoriers de la generalité de Rouen, seize cens liures. Aux Controolleurs, mil liures. Et aux Tresoriers de la generalité de Caen, mil liures. Aux Controolleurs, huict cens liures. Le tout à chacun d'eux, & par chacune annnée, comme dit est, Voulons en outre que lesdits Tresoriers Receueurs Prouinciaux iouïssent en l'année de leur exercice, de six deniers pour liure de taxations en heredité, à raison de leur recepte actuelle : & lesdits Controolleurs Prouinciaux aussi en l'année d'exercice, de deux deniers tournois pour liure de taxations, auec ladite faculté d'heredité: & seruira la finance de l'attribution desdites taxations de caution ausdits Officiers enuers Nous & lesdits Tresoriers & Controolleurs generaux, pour le maniement & exercice de leursdits offices. Lesquels gages & taxations lesdits Tresoriers & Receueurs Prouinciaux, retiendront par leurs mains és quatre quartiers de l'année, des deniers dont ils feront recepte és annees de leur exercice: & hors icelle, seront payez de leursdits gages par leurs Compagnons d'Offices, & lesdits Controolleurs Prouinciaux payez aussi de leursdits gages & taxations par les mains desdits Tresoriers Prouinciaux, esdits quatre quartiers. Pour lesquels payemens, lesdits Officiers expedieront leurs quittances au nom & acquit desdits Tresoriers generaux, qui seront par eux rapportees en despense sur leurs estats & comptes, pour seruir à leur descharge, des sommes y contenuës, & leur seront passées & alloües sans difficulté. Et à ceste fin le fonds desdits gages & taxations, sera pris sur les deniers qui se leuent pour lesdits Ponts & Chaussées dans lesdites generalitez, sans qu'il y puisse estre fait ny donné aucun empeschement. Les pourueus desquels offices de Tresoriers & Controolleurs Prouinciaux presentement créez ioüyront des mesmes honneurs, preeminences, priuileges, immunitez, exemptions de tailles, franchises, libertez, que les Receueurs & Controolleurs Generaux du taillon, & auons iceux concedez & attribuez ausdits nouueaux Offices, ausquels sera presentement par Nous pourueu de personnes capables, & cy apres par Nous & nos successeurs Roys, lors que vacation y écherra par mort ou resignation Le tout neantmoins sans aucune innouation ny diminution és charges fonctions, ordre de compter, gages & taxations desdits Tresoriers & Controolleurs Generaux desdits Ponts & Chaussées, & autres ouurages publics de ce Royaume, que ce qui peut regarder la liberté du choix de leurs Commis esdites Generalitez pour l'exercice de leurs charges, lesquelles se feront esdites Generalitez par les pourueus desdits Offices presentement créez. Sur lesquels Tresoriers Prouinciaux lesdits Tresoriers Generaux pourront deliurer leurs contrainctes, à faute de payer par eux les deniers qu'ils deuront fournir à la Tresorerie generale és termes accoustumez, comme aussi en cas qu'ils ne rendent compte ausdits Tresoriers generaux dans vn an apres l'année de leur exercice expirée: Et seront les contrainctes executées tout ainsi & par les mesmes voyes qu'il est accoustumé pour nos deniers & affaires. Les pourueus desquels Offices de Tresoriers, Receueurs & Controolleurs prouinciaux, iouïront du benefice de la dispense des quarante iours ainsi que nos autres Officiers, sans que pour le temps qui reste à expirer des neuf années portées par nos Lettres de declaration du mois de Feurier mil six cens vingt-vn, ils soient tenus de payer aucun prest, ny mesme le soixantiesme denier de l'estimation de leurs Offices. Et où apres ledit temps aucun desdits offices viendroit à vacquer par mort ou autrement à nostre profit, les veufues ou heritiers des pourueus & iouyssans desdits, seront remboursez de la finance qui sera reglée pour l'attribution desdites taxations en heredité de six & deux deniers pour liure, és quittances du Tresorier de nos parties casuelles, par ceux que nous ferons pouruoir desdits offices sur ladite vacante, & ce auant leur reception & installation, & iusques à ce, lesdites vefues & heritiers ioüiront par leurs quittances desdites taxations, sans y pouuoir estre troublez. Et d'autant que pour estre la residence ordinaire desdits Tresoriers & Controolleurs generaux en nostre Ville de Paris, leur principale & ordinaire fonction est en la recepte & despense qui se fait en l'estenduë de la Generalité, Nous leur permettons d'auoir & obtenir les trois offices de Tresoriers & Receueurs Prouinciaux & les trois Controolleurs Prouinciaux de ladite Generalité, se faire pouruoir d'iceux, & les tenir & posseder conjoinctement ou separément d'auec leursdites charges generales, & iouyr des gages & taxations y ordonnées par cesdites presentes, sans aucune diminution des autres gages & taxations attribuée à leursdits offices de Tresoriers & Controolleurs generaux, dont ils ioüyront ainsi qu'ils ont accoustumé : Mesme s'ils voyent que bien soit pour nostre seruice & commodité de leurs charges, d'auoir les pareils offices en autres generalitez, les pourront aussi obtenir de Nous, & les tenir & posseder comme dit est, le tout nonobstant oppositions & autres empeschemens à ce contraires, la cognoissance desquelles Nous auons retenuë & reseruée à Nous & à nostre Conseil d'Estat, & icelle interditte & deffenduë à toutes autres Cours & Iuges. SI DONNONS EN MANDEMENT à nos amez

& feaux Conſeillers les gens de nos Cõptes & de nos Aydes, à Paris & Rouën, Preſidens, Treſoriers de France & Generaux des Finances des generalitez du reſſort deſdites Chambres, que chacun en droict ſoy, & comme à luy appartiendra, ils facent lire, publier & regiſtrer noſtre preſent Edict, & le contenu en iceluy, garder & obſeruer & entretenir, ſans permettre qu'il y ſoit contreuenu, CAR TEL EST NOSTRE PLAISIR. Et afin que ce ſoit choſe ferme & ſtable à touſiours, Nous auons faict mettre & appoſer noſtre ſeel à ceſdites preſẽtes, ſauf en autre choſe noſtre droict, & l'autruy en toutes. DONNÉ à Paris au mois de Decembre, l'an de grace mil ſix cens vingt-ſix, & de noſtre regne le dix ſeptieſme. Signé, LOVIS, Et plus bas, Par le Roy, DE LOMENIE, Et à coſté VISA. Et ſeellé ſur lacs de ſoye rouge & verte, du grand ſeau de cire verte.

Arrest de la Chambre des Comptes sur la verification dudict Edict.

VEU par la Chambre les Lettres patẽtes du Roy en forme d'Edict, donnees à Paris au mois de Decembre dernier, Signées, LOVIS, Et plus bas, Par le Roy De Lomenie. Par lesquelles, & pour les causes y contenuës, sa Majesté a par ledict Edict perpetuel & irreuocable, creé & erigé en tiltre d'office formé, trois ses Conseillers Tresoriers & Receueurs prouinciaux, & trois ses Conseillers & Controolleurs Prouinciaux des Ponts & Chaussées, & autres ouurages publics en chacune generalité du ressort de ladite Chambre & de celle de Rouën, Pour par les pourueus desdits offices faire la recepte, chacun en l'année de son exercice en vertu des blancs de quictances du Tresorier general desdits ouurages publics lors en charge, de tous les deniers qui se leuent & leueront cy apres sur les contribuables aux tailles des Elections de la generalité de leur establissement, & de ceux qui seront ordonnez par sadicte Majesté

ſté & ſes ſucceſſeurs Roys; eſtre receus des mains de ſes Officiers cõptables, fermiers & autres, du reſſort de ladite generalite, & faire le payement & employ deſdits deniers, ſelon qu'il ſera par elle ordonné, ou par les Preſidens Treſoriers de France & Generaux des finances de ladite generalité audit Treſorier general en exercice, en vertu des Eſtats ou Ordonnances du Conſeil; & ſeront les acquits de la deſpenſe deſdits deniers, faits & conceus au nom, acquit & deſcharge dudit Treſorier general, auquel ledit Treſorier prouincial rendra compte comme de Clerc à Maiſtre, & prendra ſon attache de luy ſur ſes lettres de prouiſion. Et pour leſdits Controolleurs prouinciaux, Veut que chacun d'eux aſſiſte en l'année de ſon exercice, aux baulx au rabais, qui ſe feront pour les ouurages publics du reſſort de la generalité de leur eſtabliſſement, controollent & viſitent leſdits ouurages, rapportent aux bureaux des finances ce qui dependra de leurs charges, ainſi que les Controolleurs generaux des finances dreſſent les procez verbaux des viſitations & receptions desdits ouurages, & les enuoyent en fin de chacune année, à celuy des Controolleurs generaux qui sera en charge, pour estre rapportez sur le compte du Tresorier general, & seruir à l'allocation des parties y employées à cause desdicts ouurages : & prendront attache sur leurs lettres de prouision, de celuy des Controolleurs generaux en l'année de l'exercice duquel ils deuront faire la fonction de leursdicts offices. A chacun desquels offices de Tresoriers & Controolleurs prouinciaux, sadicte Majesté a attribué les gages & taxations à plein specifiées audict Edict, qui seront pris sur les deniers qui se leuent pour lesdits Pōts & Chaussées dans lesdictes generalitez, sans qu'il y puisse estre faict aucun empeschement : Permettant sadicte Majesté aux Tresoriers & Controolleurs generaux desdicts Ponts & Chaussées, d'obtenir les trois offices de Tresoriers & Receueurs prouinciaux, & les trois Controolleurs prouinciaux de la generalité de Paris, se faire pouruoir d'iceux, & les tenir & posseder conioinctement ou ſeparément d'auec leurſdites charges generales, & ioüir des gages & taxations y ordonnées par ledict Edict, ſans aucune diminution des autres gages & taxations attribuees à leurſdicts offices: Meſmes d'auoir les pareils offices és autres Generalitez, ainſi qu'il eſt plus au long contenu par leſdictes Lettres: Requeſte preſentée à ladicte Chambre par leſdicts Treſoriers & Controolleurs generaux deſdicts Ponts & Chauſſees, & Arreſt ſur icelle du trentieſme Decembre dernier, par lequel, Acte leur auroit eſté donné de leur oppoſition à la verification d'icelles, ſignifié au Procureur General du Roy le lendemain: Le deſiſtement par eux faict à leurſdictes oppoſitions, ſigné Morant, Scaron, de Flecelles, du Tremblay & Mallebranche, y attaché: Concluſions du Procureur general du Roy, & tout conſideré: LA CHAMBRE à ordonné & ordonne, que ſur le reply dudict Edict, ſera mis, Leu, publié & regiſtré, ouy & ce conſentant le Procureur general du Roy, à la charge que les pourueus deſdicts offices ſeront tenus auant que s'immiſcer en l'exercice d'iceux, de prester le serment en ladicte Chambre, Que lesdicts Tresoriers prouinciaux compteront en icelle de leur maniement six mois apres l'année de leur exercice. Que les Controolleurs prouinciaux fourniront leurs controolle en ladicte Chambre, auant la reddition desdits comptes, & que les Tresoriers & Controolleurs generaux ne pourront tenir aucuns desdicts offices prouinciaux. Et seront les deniers qui en prouiendront, employez aux pressées & vrgentes affaires de sa Maiesté, à peine de repetition sur les Ordonnateurs, en leurs propres & priuez nôs, dont sera faict chapitre separé és comptes de l'Espargne, parties Casuelles & Extraordinaire des guerres, qui en feront le maniement. Faict le quatorziesme iour de May mil six cens vingt-sept.

Extraict des Registres de la Chambre des Comptes. Signé, BOVRLON.

Lettres de Iussion à ladicte Chambre des Comptes pour leuer toutes les restrinctions faictes par leur dict Arrest de verification.

LOVIS par la grace de Dieu, Roy de France & de Nauarre, à nos amez & feaux Conseillers, les Gens de nos Comptes à Paris, Salut. La creation des Offices de nos Conseillers, Tresoriers & Receueurs & Controolleurs Prouinciaux des Ponts & Chaussees, & autres ouurages publics, en chacune Generalité du ressort de nos Chambres des Comptes de Paris & Roüen, portées par nostre Edict du mois de Decembre dernier, estant par Nous seulement ordonnée: comme vn moyen duquel nous esperons recouurer vn prompt & notable secours pour seruir à l'vrgente necessité de nos affaires, sans estre à charge à nos finances, ne diminuant en rien nostre reuenu ordinaire, ny preiudiciable au public, sinon en tant qu'il diminuë le fonds qui se leue chacun an pour lesdits ouurages des gages & taxations que nous attribuons ausdicts offices: Lequel dommage, outre qu'il se peut remplacer à suitte d'annees, est bien recompensé à nos subiects, puis qu'il est destiné pour despenses, par lesquels ils sont maintenus en paix & repos: Nous auons eu vn soin particulier qu'il ne fut rien changé ny innoué en la forme qui s'obserue depuis douze années en l'administration & maniement desdits deniers publics, tant afin qu'il ne s'en fit aucune recepte ny employ, que selon nostre intention portée par nostre estat general, que pour euiter à la confusion qui se rencontreroit, si tous lesdits deniers se receuoient par autre moyen, que par les quittances des Tresoriers generaux, que les acquits fussent conceus en autres noms, & que autres comptables qu'eux, en rendissent compte: estant vray que toutes les leuées pour le Pont Neuf de Paris, se font en cinq Generalitez, celles pour les ponts de Gyen, Tours, Saumur & entretenement de la tour de Courdouan en sept Generalitez, & ainsi de tous les grands ouurages, de la despense desquels il ne se doit, ny pour compter que par les comptes desdits Tresoriers generaux : d'ailleurs, qu'il nous arriue quelquefois telle necessité qu'en aucunes annees il ne se faict despense en des generalitez de deux mil liures ausdicts ouurages : Et d'obliger chacun des Tresoriers Prouinciaux à rendre compte par estat pardeuant les Tresoriers generaux de France, & en nostre Conseil, & apres compter en nostre Chambre, outre les fraiz dont nous serions chargez pour la reddition desdicts comptes, ce seroit engager lesdicts Officiers à des despenses inutiles qui rendroient lesdicts Offices de moindre valeur & de plus difficile debit. Et ceste mesme consideration de ne point innouer au susdict ordre iointe à celle que les Tresoriers & Controolleurs generaux desdicts ouurages publics demeureroient sans aucune fonction, & leurs charges comme inutiles, contre la foy de nostre Edict de creation de leurs offices, deüement verifié en nosdictes Chambres, en la teneur duquel, & en la force de ladicte verification, ils se sont fondez pour leuer iceux offices,

& en obtenir nos lettres de prouiſion, Nous a faict reſoudre de leur donner par noſtredict Edict du mois de Decembre la faculté de leuer en nos parties caſuelles, tenir & exercer leſdicts offices prouinciaux de noſtre Generalité de Paris, conioinctement ou ſeparément d'auec leurſdicts offices generaux, ſelon leur plus grande commodité, & meſme ceux des autres Generalitez, s'ils en auoient le moyen: Enquoy, ſans que nous receuions aucun preiudice, nous maintenons leſdicts antiens Officiers en leur exercice ordinaire. Et d'autant que par voſtre Arreſt du quatorzieſme du preſent mois interuenu ſur l'enregiſtrement de noſtredict Edict, vous adſtraigniez leſdicts Treſoriers & Receueurs prouinciaux, à rendre compte en noſtredicte Chambre, au lieu de les laiſſer compter comme de Clerc à Maiſtre auec leſdicts treſoriers generaux, & obligez les Controolleurs prouinciaux à fournir chacun en particulier leur Controolle à la Chambre, & non aux Controolleurs generaux, & auez dict qu'iceux treſoriers & Controolleurs generaux,

raux ne pourront tenir aucun desdicts nouueaux offices prouinciaux : Ce qui est du tout contraire à nostre susdite intention, à l'vtilité de nos affaires, & à la conseruation desdicts Tresoriers & Controolleurs generaux en la fonction de leurs charges: A CES CAVSES, & apres auoir veu & meurement consideré vostre dict Arrest, dont l'extraict est cy attaché sous le contreseel de nostre Chancellerie, Nous voulons, vous mandons, & tres expressement enioignons par ces Presentes signées de nostre main, que tous affaires cessans, & sans vous arrester à vostredict Arrest, ny aux causes qui vous ont peu mouuoir à faire lesdictes restrinctions, vous ayez à icelles leuer & oster: Et ce faisant, faire lire, publier & registrer nostre dict Edict, pour estre executé selon sa forme & teneur, & ce sans attendre de Nous autre plus expres commandement que ces dictes presentes; Le bien de nos affaires & seruices, & la Iustice qui doit estre renduë ausdicts Tresoriers & Controolleurs generaux, le requerant: CAR tel est nostre plaisir. Donné à Paris le dixhuictiesme iour de May l'an de grace mil six cens vingt & sept, de nostre regne, le dixhuictiesme. Signé, LOVIS. Et plus bas, par le Roy, DE LOMENIE. Et seellé du grand seau de cire iaulne, & contreseellé.

Autre Arrest de ladicte Chambre des Comptes, leuant les Modifications faictes sur son precedent Arrest.

VEV par la Chambre les Lettres Patentes du Roy en forme d'Edict, données à Paris au mois de Decembre dernier, signées, LOVIS, Et plus bas, Par le Roy, DE LOMENIE. Par lesquelles, & pour les causes y contenuës, sa Maiesté a creé & erigé en tiltre d'Offices formez, trois ses Conseillers Tresoriers & Receueurs Prouinciaux, & trois ses Conseillers & Controolleurs Prouinciaux des Ponts & Chaussées, & autres ouurages publics en chacune Generalité du ressort de ladicte Chambre & de celle de Roüen, aux gages, fonctions & charges à plein contenuës par lesdites Lettres d'Edict:

L'Arrest de la Chambre interuenu sur icelles le quatorziesme iour de May dernier, par lequel elle auroit ordonné qu'il seroit leu, publié & registré, ouy & ce consentant le Procureur general du Roy, à la charge que les pourueus desdicts Offices, seroient tenus auãt que s'immiscer en l'exercice d'iceux, de prester le serment en ladicte Chambre, Que lesdicts Tresoriers Prouinciaux compteroient en icelle de leur maniement six mois apres l'année de leur exercice: Que les Controolleurs Prouinciaux y fourniroient leur Controolles auant la reddition desdicts Comptes, Que les Tresoriers & Controolleurs generaux ne pourroient tenir aucuns desdicts Offices prouinciaux; Et que les deniers qui en prouiendroient, seroient employez aux pressées & vrgentes affaires de sa Maiesté, à peine de repetition sur les Ordonnateurs en leurs propres & priuez noms: dont seroit faict chapitre separé és comptes de l'Espargne, parties casuelles & extraordinaire des guerres, qui en feroient le maniement. Autres Lettres Patentes du Roy données à Paris le dixhuictiesme dudit mois de May dernier, signées, LOVIS, & au bas, Par le Roy, DE LOMENIE, contenant iussion & mandement tres exprés à ladicte Chambre, que tous affaires cessants, & sans s'arrester audict Arrest, ny aux causes qui l'auoient peu mouuoir à faire lesdictes restrinctions, elle eust à icelles leuer & oster; Et ce faisant, faire lire, publier & registrer ledict Edict, pour estre executé selon sa forme & teneur, sans attendre autre plus exprés commandement que lesdictes Lettres; Le bien de ses affaires, & seruice: & la Iustice qui doit estre renduë ausdicts Tresoriers & Controolleurs generaux, le requerant: Conclusions du Procureur general du Roy, & tout consideré, La Chambre ayant esgard ausdictes Lettres de iussion, à ordonné & ordonne que lesdicts Receueurs & Controolleurs generaux pourront tenir conioinctement ou separement si bon leur semble, lesdicts Offices prouinciaux, par lettres de prouision particulieres, que lesdicts Prouinciaux compteront de Clerc à Maistre, & lesdicts

Controolleurs fourniront leurs controolles ſuiuant ledict Edict ; & pour le ſurplus, que ſon Arreſt du quatorziéiour de May dernier tiendra. Faict le vingt-vniesme iour de Iuin mil ſix cens vingt-ſept.

Extraict des Registres de la Chambre des Comptes. Signé, GOBELIN.

Leu, publié & registré par le commandement du Roy, porté par Monsieur Frere unique dudit Seigneur, aßisté du Sieur de Bellegarde, Cheualier des Ordres de ſa Maieſté, & des ſieurs de Champigny & de Leon, Conſeillers d'Eſtat & Priué, Ouy & ce conſentant le Procureur general de ſadite Maieſté, A Paris en la Cour des Aydes, les Chambres aſſemblees, le vingthuictiéme iour de Iuin mil ſix cens vingt ſept.

Signé, DE LAISTRE.

Collationé aux Originaux, par moy Conſeiller & ſecretrire du Roy & de ſes Finances.

www.ingramcontent.com/pod-product-compliance
Ingram Content Group UK Ltd.
Pitfield, Milton Keynes, MK11 3LW, UK
UKHW020224180726
13838UKWH00005B/2184